I0617063

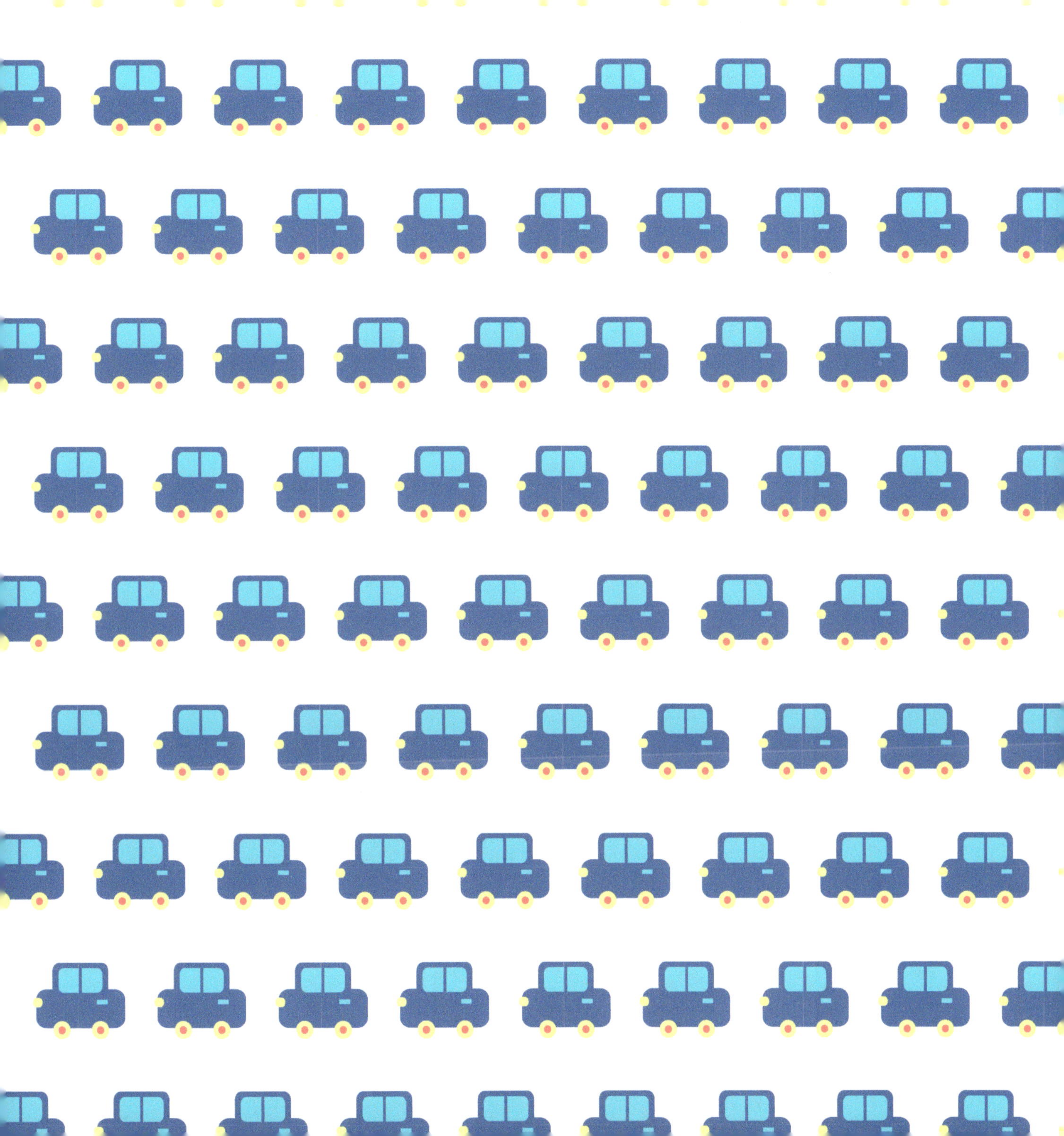

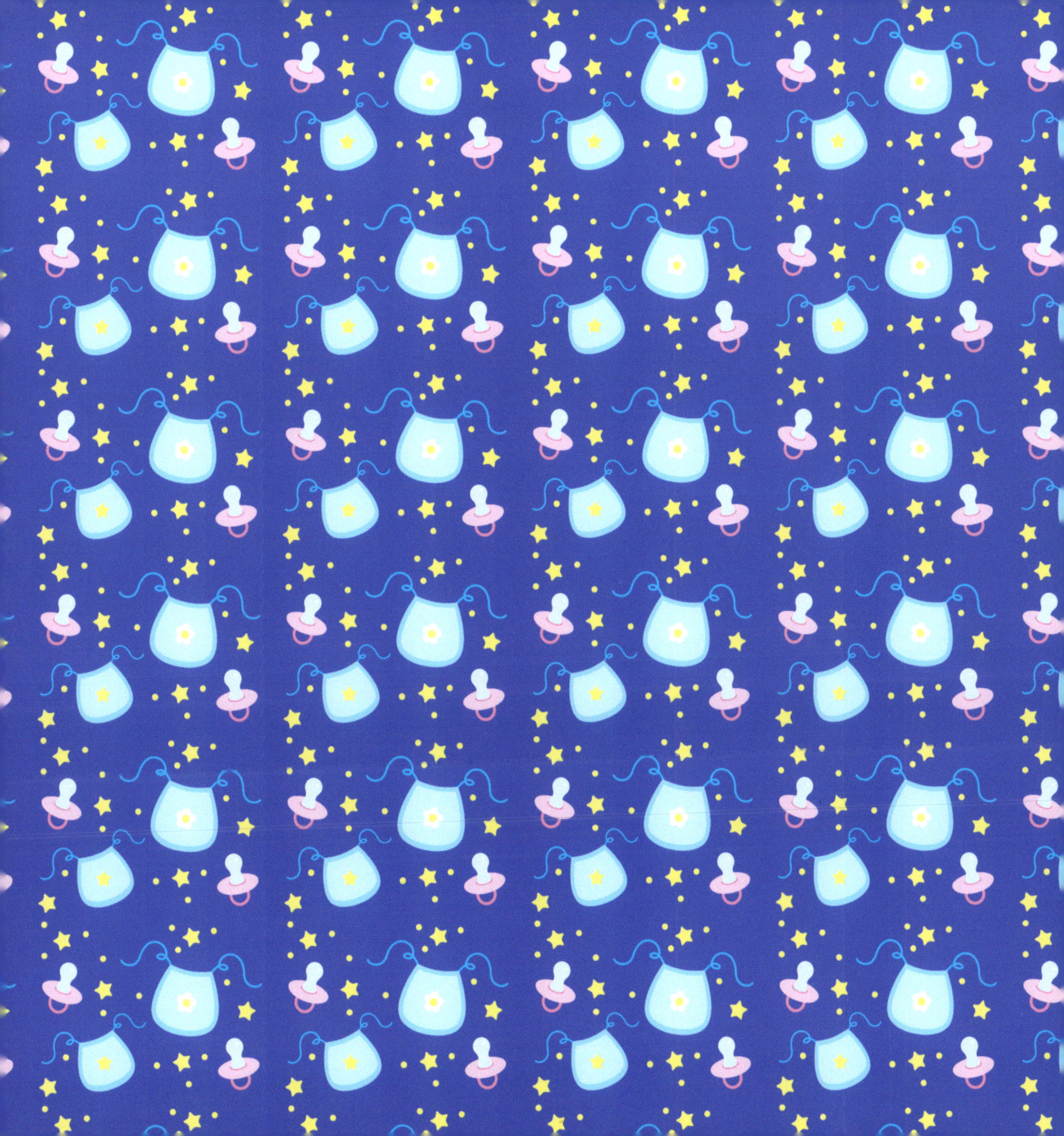

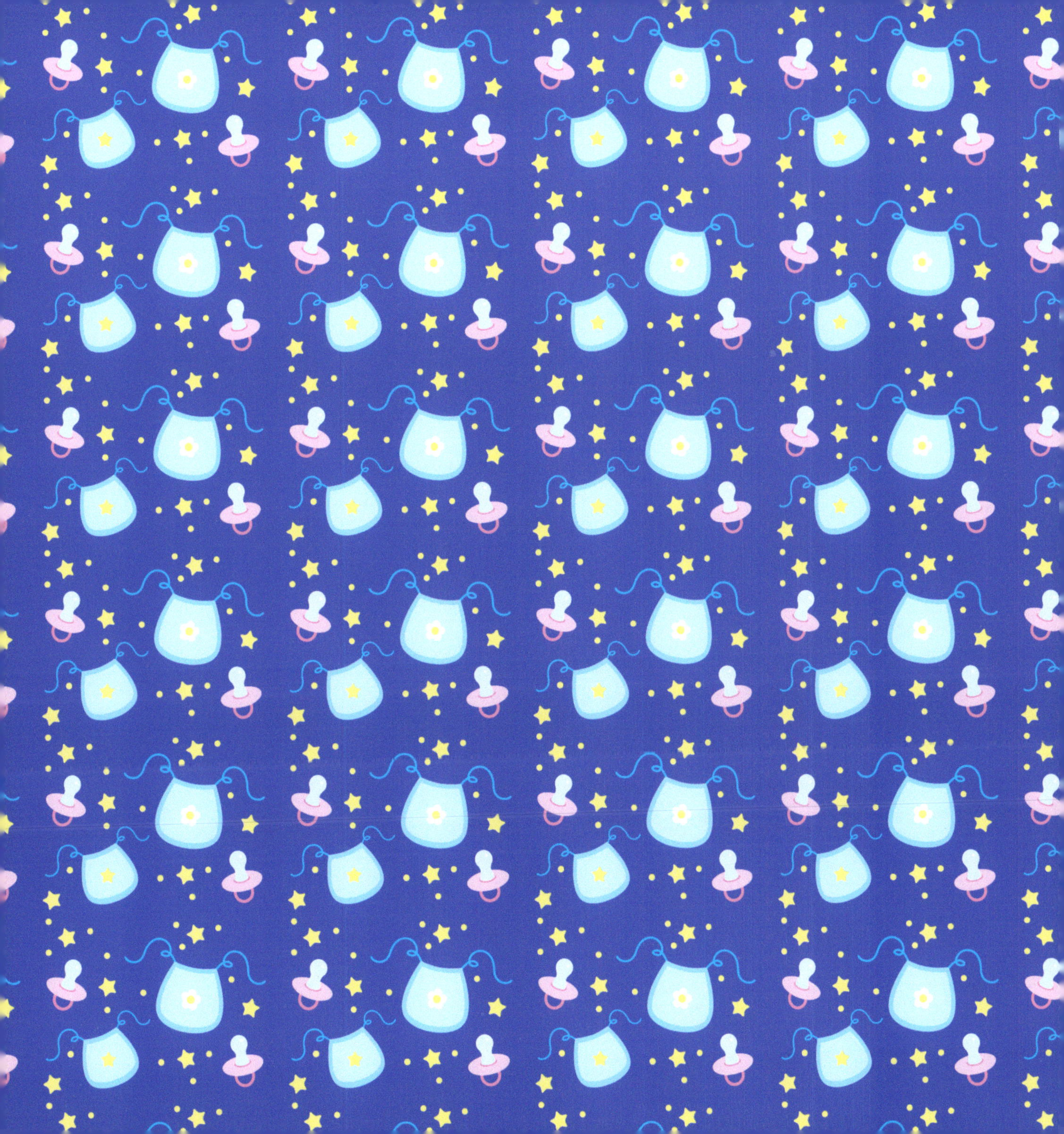

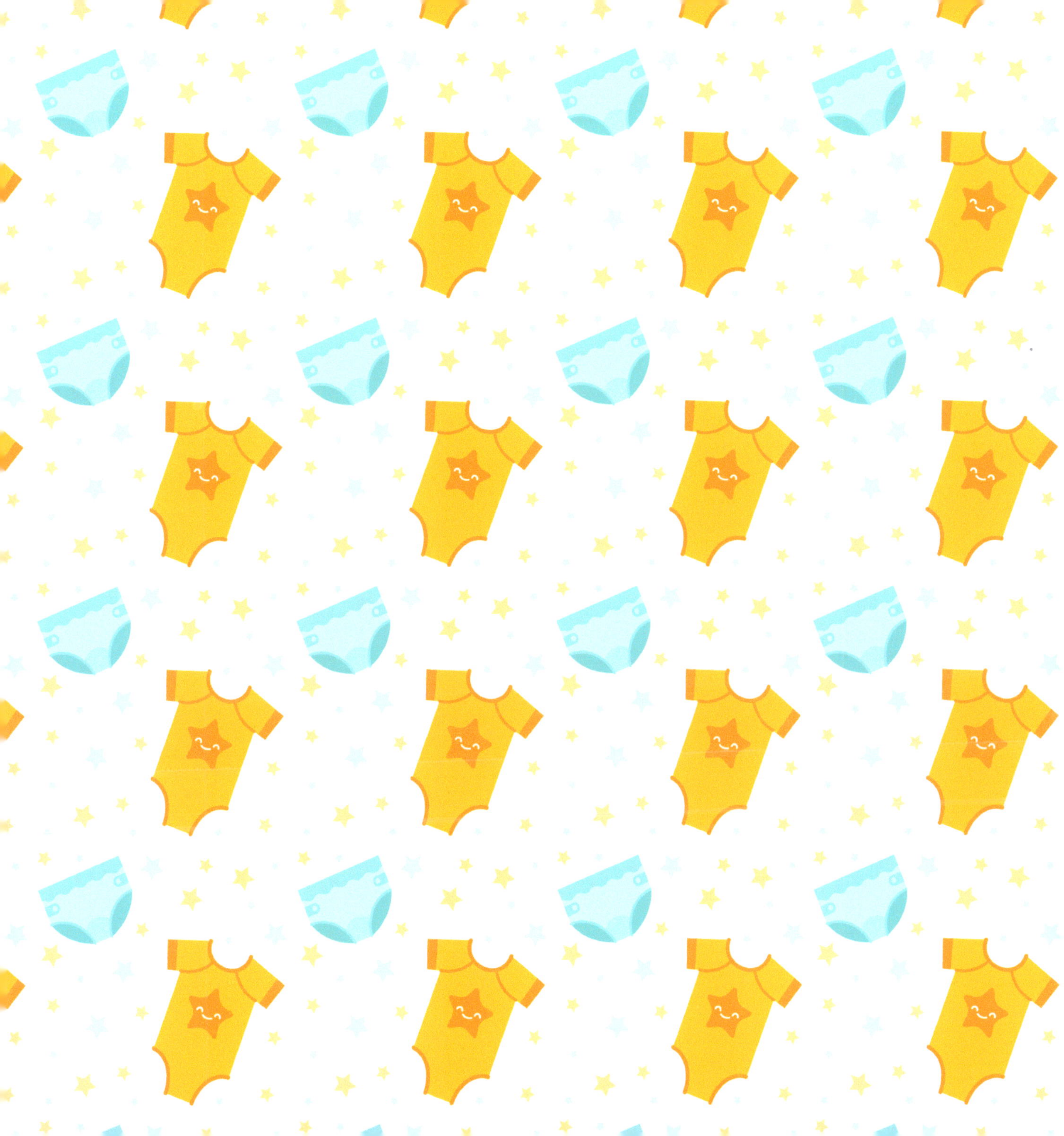

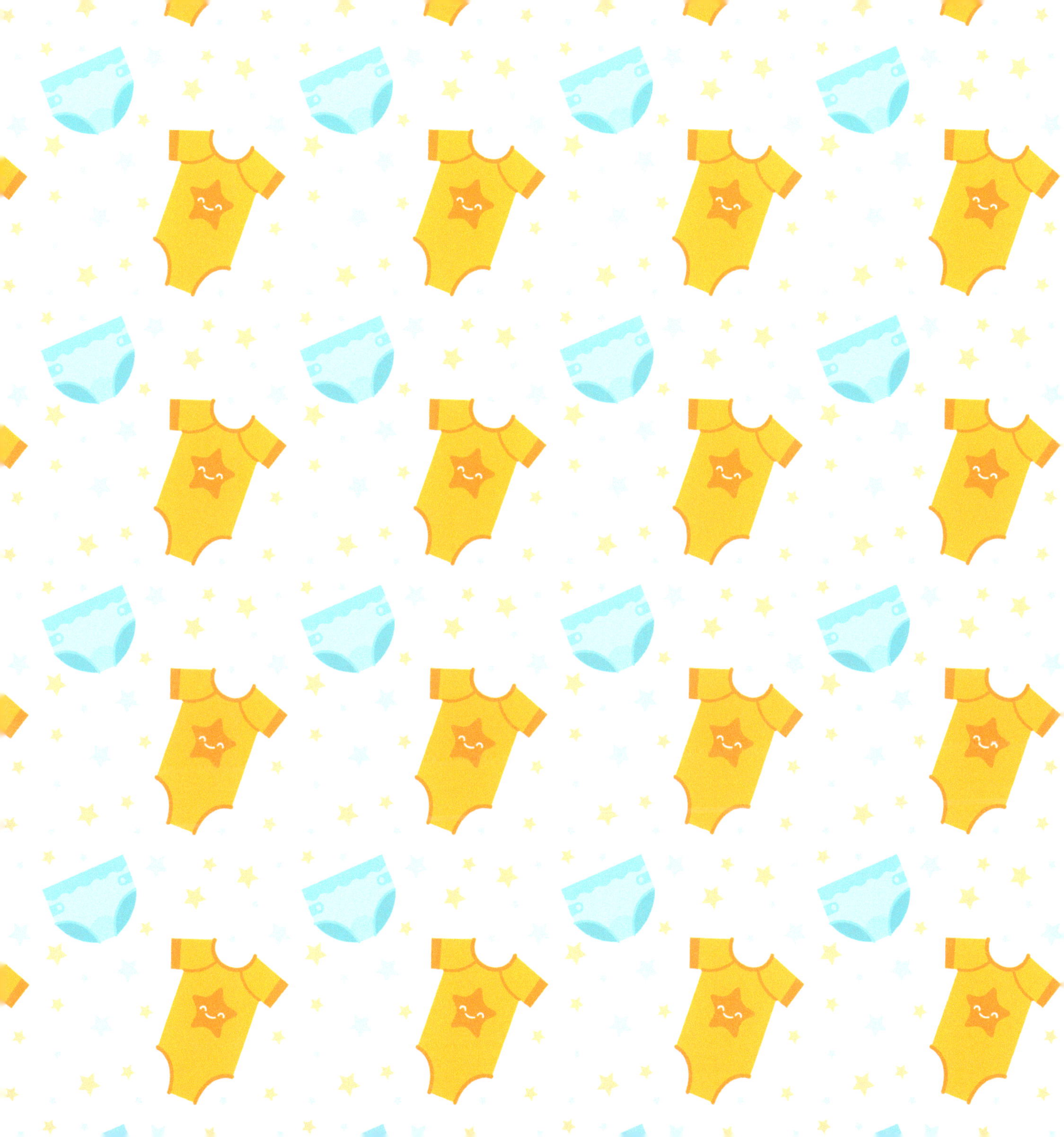

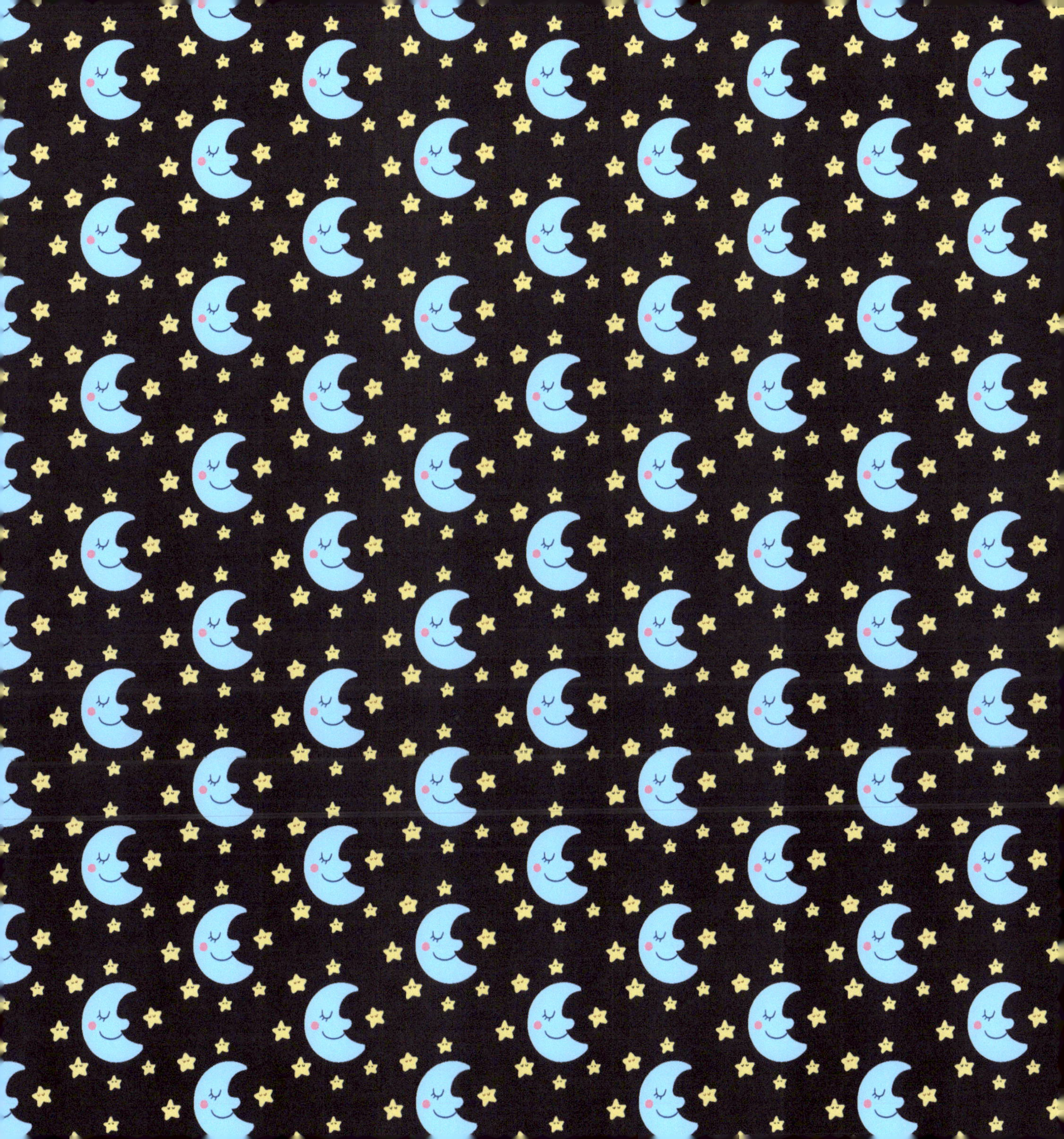

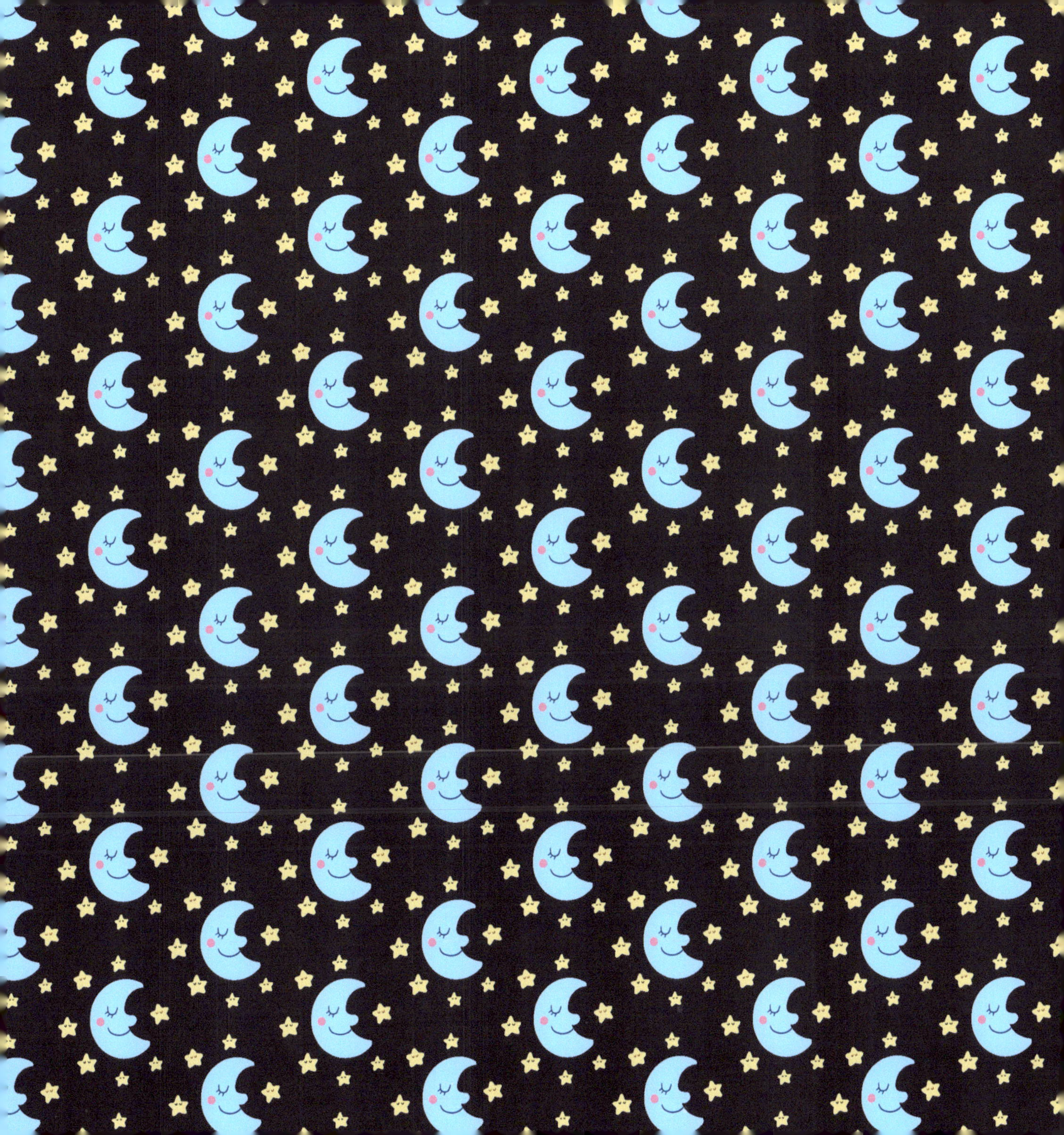

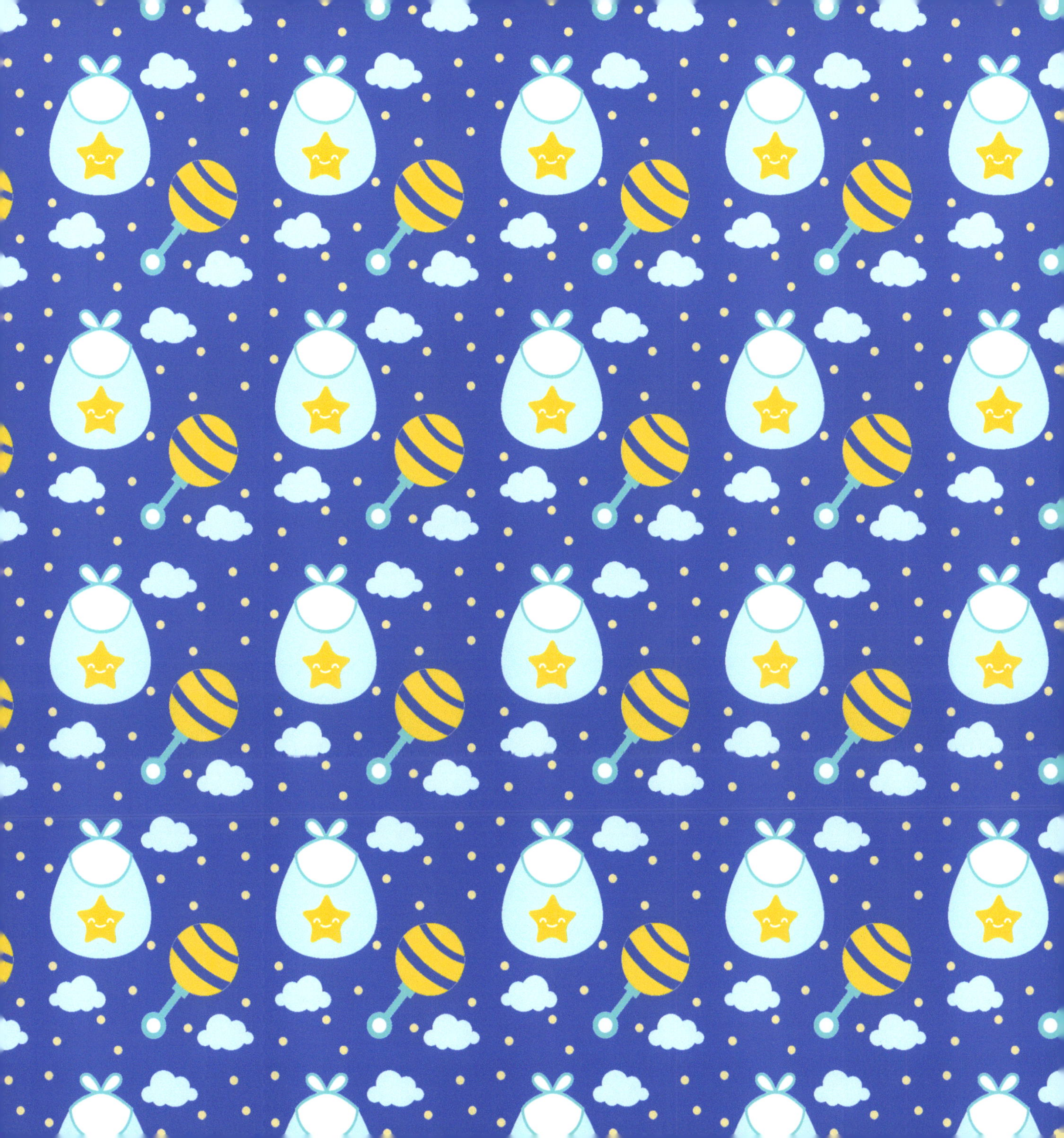

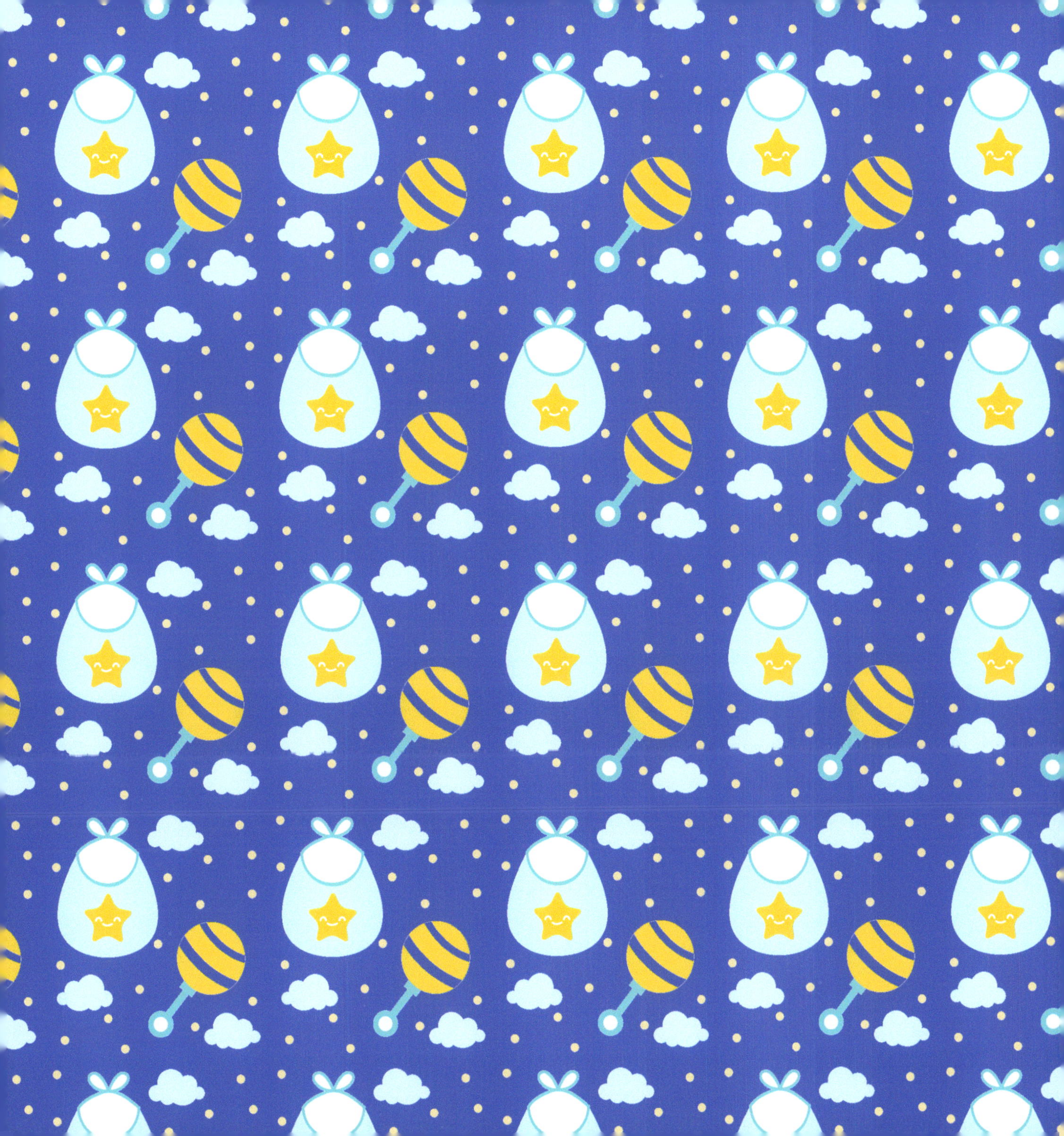

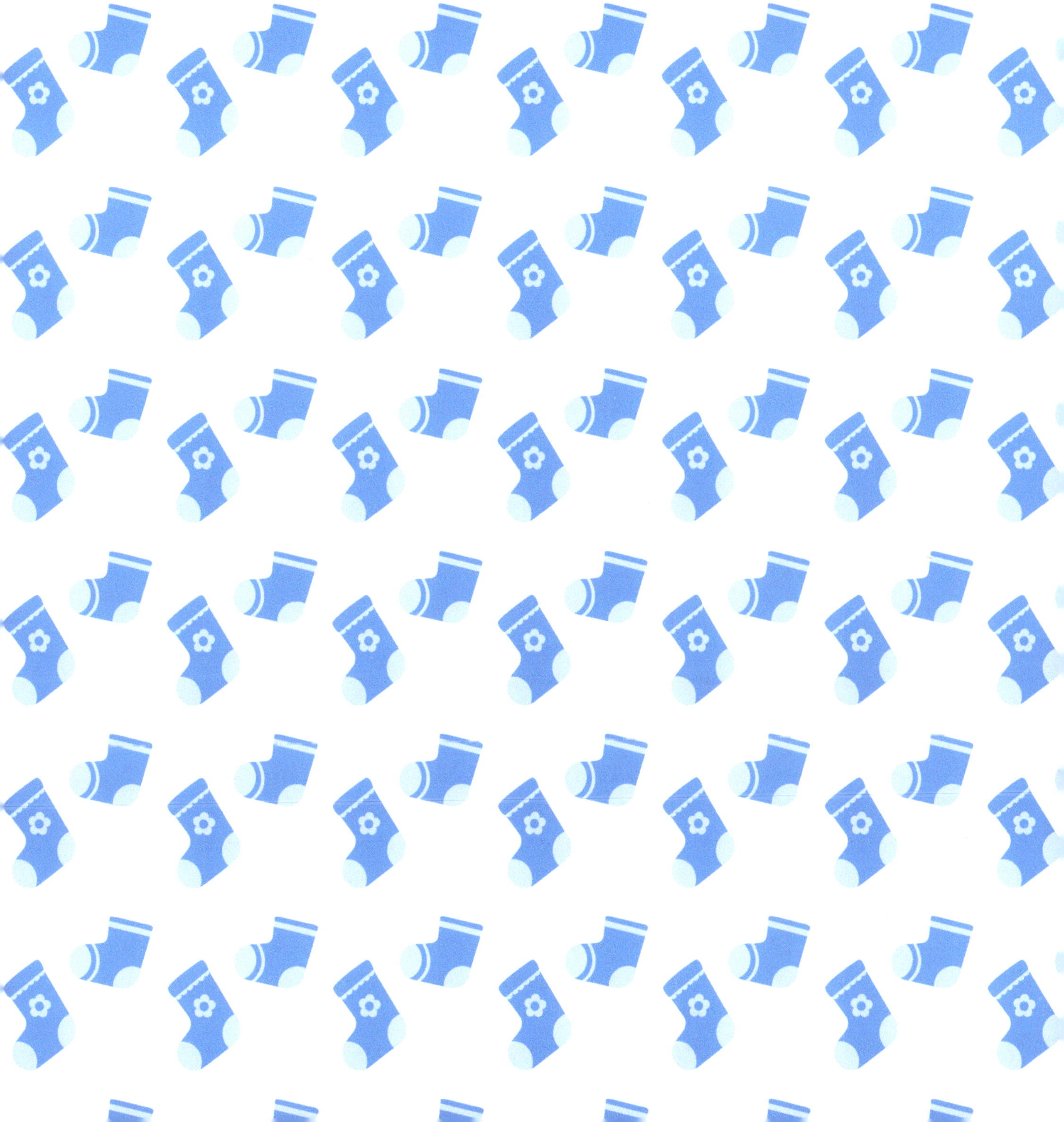

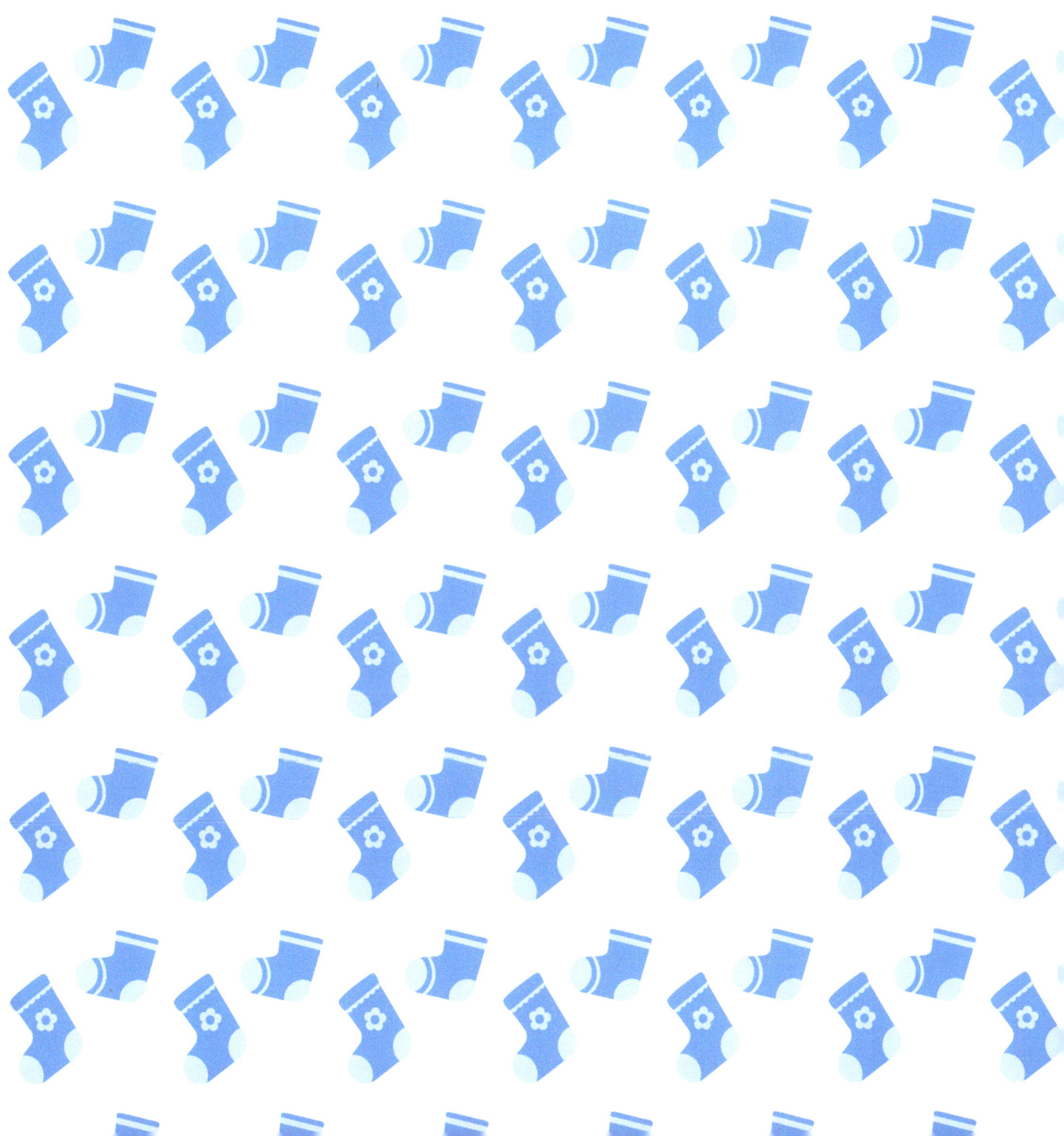

www.ingramcontent.com/pod-product-compliance
Lightning Source LLC
Chambersburg PA
CBHW041621120626
46551CB00003B/527
* 9 7 8 1 9 5 3 9 8 7 7 4 7 *